# Geschäftsideen

Eine wissenschaftliche Methode um Marktanforderungen zu entdecken und den Leuten zu geben was sie zahlen wollen

©das Urheberrechtliegt bei Riley Reive 2017 – Alle Rechte vorbehalten.

Wenn Sie dieses Buch mit einer anderen Person teilen möchten, bitte kaufen Sie eine Extra Kopie für jeden Empfänger. Vielen Dank für Ihre Achtung die Arbeit von diesem Autor. Andernfalls, die Übermittlung, Vervielfältigung oder Reproduktion von der folgenden Arbeit inklusive bestimmte Information wird als illegale Handlung sein egal ob elektronisch oder mit Drucken. Dies erweitert die Schaffung einer sekundären oder tertiäre Kopie von der Arbeit oder eine aufgezeichnete Kopie zu schaffen und das ist erlaubt nur mit schriftlicher Zustimmung von dem Herausgeber. Alle zusätzlichen Rechte vorbehalten.

# Inhalt

**KAPITEL 1**

Die Schaffung von neuer Geschäftsidee..............5

**KAPITEL 2**

Wie kann man eine tödliche Geschäftsidee finden?......................................................8

**KAPITEL 3**

Wie erstellen Sie eine gewinnbringende Geschäftsidee?...................................13

**KAPITEL 4**

Wie beurteilen Sie Ihre Geschäftsidee?..............21

**KAPITEL 5**

Die Schritte zur generieren Sie Ihre nächste erfolgreiche Geschäftsidee............................28

Abschluss.......................................36

# Einführung

Ideenbildung ist der kreative Prozess von Generierung, Entwicklung und Vermittlung von neuen Geschäfts Ideen

Wenn wir ein neues Geschäft starten, entwickeln wir ein bestehendes Konzept oder wir entwickeln unsere Idee. Das ist auch gleich, wenn wir ein bestehendes Geschäft erweitern möchten. Ich habe immer gekämpft, mit dem bestimmen, welches ist schwieriger eine Idee zu finden oder zu starten.

Manchmal, Ideen sind ganz einfach zu zaubern, und der schwierige Teil ist die Entscheidung, wenn die Idee so gut wie eine Grundlage für die Entwicklung von profitablen Geschäft ist. Wenn Sie haben, was Sie eine tolle Idee glauben, die nächste Herausforderung ist zu testen, wenn die Idee erfolgreiche sein wird.

Dann gibt es die Zeiten, die eine lebensfähige Idee die schwerste Sache zu finden ist. Es mag scheinen als alle gute Ideen genommen haben, und Sie Sind auf der Seitenlinie mit den Ressourcen gelassen, und sie wollen Ihres Geschäft starten, aber ohne eine tolle Idee. Der Prozess der Ideenbildung kann einen Tag oder viele Jahre nehmen, und wie mit dem kreativen Prozess, Es ist immer eine unproduktive Idee zu starten.

Die Seite von den anderen typischen Barrieren von Ressourcen (Geld und Leute), der Mangel von eine "gute Idee" ist oft, weil die Leute keine Eigne Chiefs werden können.

# KAPITEL 1

# Die Schaffung von neuer Geschäftsidee

Ein neues Geschäft startet immer mit der Idee. Der Prozess von Entwicklung der Idee, und Ihr Geschäftskonzept, vielleicht enthält einiges Niveau von dem Testen durch die Prototypenentwicklung und die Iteration.

Während der frühen Phasen, Ihre Idee wird zweifellos entwickeln, und kann sogar in etwas ganz anders verändern. Es gibt drei Grundlagen der Kategorien für die Geschäftsideen, und die Kategorien können mit dem nächste tolle Geistesprodukt helfen, oder bestätigen Ihre bestehende Idee:

1. Neu: Eine neue Erfindung oder Geschäftsidee. Das ist die schwierigste Kategorie für neue Geschäftsideen. Es gibt wirklich sehr wenige und ganz neue Ideen. Mit "neu" meine Ich nicht etwas, das sicherlich zurzeit oder in der Vergangenheit nicht existiert ist.

Es ist leicht eine neue Idee mit was einer Verbesserung oder Zerstörung von bestehender Methode des etwas machen zu verwirren. Wirklich, die neue und unikate Ideen sind schwer zu finden, damit Sie mit dem Denken "das ist die nur Quelle den neue Ideen" nicht gelähmt werden.

2. Die Verbesserung: Das ist die sprichwörtliche der Mausefalle. Beispiele wie die Express Autowaschanlage (Wo Sie in Ihrem Auto bleiben können), und die LED Beleuchtung. Die meisten kleine Unternehmen liegen in dieser Kategorie. Sie nehmen ein bestehendes Service oder ein Produkt und Sie machen es besser, direkt oder indirekt

Sie können es mit gutem Qualität des Rohstoffs machen, zum Beispiel, oder Sie können auch einen wert des Produkts oder einen Service mit einschließen Extra Dienstleistungen oder Add-ons Hinzufügen.

3. Die Zerstörung: eine neue und revolutionäre Methode von etwas zu machen. Zum Beispiel Uber, AirBnB, und Amazon. Unser moderne verbundene Welt – die möglich durch das Internet unterstützt hat- jetzt erlaubt uns Industrien ganz zu wieder erfinden, transformieren und stören.

Das Internet und andere Technologien sind nicht die nur Methode für störende Geschäftsidee zu ausführen, aber es hat sicherlich unsere Fähigkeit gedrückt zu machen.

Wo kommen die tolle Idee her? die Quellen für innovative Ideen einschließen Lesen, Podcasts, Kunst, Architektur, Personal Erfahrungen, Resien, Konversationen, und Hobbys, auch von andern leihen, Kreativität, Weisheit der Vielen, und lösen bestehende Probleme in unsere Welt.

Für bestehende Unternehmen, die beste Quelle von Ideen sind immer Ihre Kunden. Es nimmt noch ein bisschen mehr als nur erleben oder lesen etwas, das Ihre nächste Idee zu funken.

Neue Dinge erleben, das wird selbstverständlich Ihre kreative Fähigkeiten

beeinflussen und erhöhen, und es ist sehr tolle Methoden für Ihre Produktion ,wir können unsere Fähigkeit weiter entwickeln, darum können wir neue tolle Ideen generieren.

Meint das, dass Sie kreative eine gute Geschäftsidee zu generieren müssen sein? Ich glaube, dass die Kreativität sicherlich eine von den wichtigsten Zutaten für die Ideenbildung ist, neben der Ursprung und der Vision.

Die Herausforderung für viele Leute, aber, entweder die Leute ein bisschen Vertrauen in ihre kreative Fähigkeit haben oder sie der Mut zu ausdrücken es nicht haben. Die Ideenbildung generieren Prozess ist so wie der kreative Prozess, die wir ein vierte Personal mit anderen Personen zu beurteilen stellen. Sie müssen der Mut und das Vertrauen für das Einreichen den Ideen haben, die andere Leute glauben, dass die Ideen nicht gute Ideen oder lächerlich sind.

Der optimale Prozess ist ein oder mehr Geschäftsideen zu identifizieren, prüfe sie, und dann weiter mit der Entwicklung von der Idee, die die beste Möglichkeit für Erfolg hat. Natürlich, immer erinnern Sie sich, dass das reale Test von der Geschäftsidee test Einfach ganz bei dem Kunde ist. Auch erinnern Sie sich, wenn Ihr Konzept ganz einfach war, meint, dass andere Person gerade vielleicht gemacht hat.

einige Fragen Ihres Geschäft frangen Sie sich, die Ihre Geschäftsidee zu helfen:

1. Was braucht meine Produkte oder meinen Service zu füllen wleches Problem wird lösen?

2. Was sind die Eigenschaften und die Vorteile von meinem Angebot?

3. Was ist die besten Vorteile? Was macht diese Idee ganz einzigartige in dem Markt?

4. Wie kann meine Fähigkeiten und meine Erfahrungen für meine Ideen passen?

5. Wie werde ich meine Idee testen und erklären?

6. Welche Ressourcen werde ich fur das erstellen von dieser Idee brauchen?

7. löst meine Idee ein billion-Person Problem oder das Pr0blem von einer gerade wenige?

8. Kann ich mich dieses Konzept für die nächste 5 zu 10 Jahre vorstellen?

# Kapitel 2

# Wie kann man eine tödliche Geschäftsidee finden?

Sie wissen Sie wollen Ihr Geschäft starten, und Sie wollen Ihr Chef werden sein ; tolle Nachrichten. aber, Sie haben jetzt die perfekte Idee nicht – keine Panik. Hier ist eine Methode, die Sie verwenden können.

DIE METHODE HAT DREI SCHRITTE:

1. Idee Generation

2. Bestätigen und lernen

3. Start klein, wachsen schnell1.

Idee Generation: Das ist über mit vielen Ideen zu finden, die schreiben Sie und Sie finden ein gemeinsames Faden, das Sie für das Erstellen der Idee starten können. Nur erinnern Sie sich, Sie brauchen Ihr Geschäftsidee nicht einzigartig zu sein, aber Sie brauchen eine neue Methode zu liefern.

Machen Dinge, die Sie genießen – diese Methode werden Sie in die Lange Stunden und die Anstrengung stellen und das ist notwendig fuer Ihr Geschäft und Ihre Traume. Die Anfangen Ihres Geschäfts, wirklich gibt ihnen die Gelegenheit etwas zu machen, die Sie für Leidenschaft haben.

So hier die Fragen selbst zu fragen und auch die Antworten:

- Was können Sie gut machen?

- Was gienssen sie auch?

- Was ist Ihre Erfahrung?

- Was ist Ihre Leidenschaft in dem Leben?

- Was wollen Sie immer machen?

- Was wollen Sie immer nicht machen/tun?

So bald haben Sie das gemacht, dann Sie brauchen mit dem Gemeinsamkeiten starten, und wie die bestehende Fähigkeiten und Kenntnisse Ihre Geschäftsideen erstellen können.

Sie können vielleicht auch finden, dass Sie sehr organisiert sind, also Sie leben das Reisen und Sie haben die Leidenschaft über der wein vielleicht im Hinterkopf, Sie immer wollen einen Reise-Agent sein.

Ihr Beruf ist bisher in der Administration, aber Sie hassen die Nummern und die Buchhaltung. Also das Ansehen an dieses List ein möglich Geschäftsidee, Sie denken über das Organisieren von dem wein für die Reiche Leute. Wenn Sie Probleme mit den Nummern und der Buchhaltung losen, denken Sie über jemanden, dass er ein Geschäftspartner oder ein Berater ist.

2. Bestätigen und lernen: Wir nehmen die rohe Geschäftsidee und wir starten sein Potenzial zu forschen. Sie lernen erst mehr über das Markt von der Geschäftsidee, die Sie können die Idee in der Zukunft entwickeln. Wie auch als das Bestätigen, wenn etwas wie ein langfristiges Geschäft für Sie Beschwerden werden.

Sehen Sie, wenn es einen guten Markt für dieses Geschäftstyp gibt Google Trends (es dürfen Sie welches Trend über in einem Land sehen! (ausgezeichnete Daten mit Facebook Anzeigen zu verbinden) und "Google Traffic Estimator" ist ausgezeichnete kostenlose Werkzeugen für diese Forschung.

Ich verwende persönlich die Ganderkesee von "Ubersuggest.io" wie gut (https://ubersuggest.io/)

Mit dieses Werkzeug, will ich sehen, die kritische Masse, die im Internet, das für ein besonderes Thema sucht.

Ubersuggest ist ein online Werkzeug ,das die Daten von Google Vorschlagen Google verwindet, Schau uns Alle Die Nummern , zu einer Schlüsselwort gehört, die auf Google in Monat geschrieben hat.

Klicken Sie hier: https://keywordseverywhere.com/ubersuggest.html

Herunterladen Sie die Extension für Google Chrome oder Firefox, und Sie machen, jedes mal warden Sie ein Wort auf Google schreiben, es wird in diesem Monat die Volumen und das Kosten für jedes Klicken mit potenzielle Kampagne mit Google Adwords schauen

N.B. nach der Installation der Extension, gehen sie zu die Website : https://ubersuggest.io/

Und es gibt die genauen Volumen von der Schlüsselwörter, die Sie wählen,

Sie Können die alle mögliche Kombinationen mit anderen suchen Schlüsselwörter.

Schreiben Sie die worter in anderer Methode, weil einfach die alle Leute auf Google nicht mit gemeinsamer Methode suchen.

Im Allgemeinen für gewinn:

Die Mehr die Nische ist potenziell profitable und die mehr Leute werden für ihn im Internet suchen

im Allgemeinen betrachten Sie am mindestens 4,000-5,000 durchschnittliche Suche in Monat

Auf der anderen Seite, sogar wenn eine Nische viele suchen schauen, denken Sie nicht, dass automatische profitable ist.

Untersuchen Sie und sehen Sie wie sie besser sein könnte, verschiedenen oder billiger. Auch achten Sie wie sie sich unterscheiden

Ich verwende wie eine gute Buzzsumo, die mich eine profitable Kampagne mit Facebook erstellen dürfen.

BuzzSumo ist einfach ein **Werkzeug für Forschung und Monitoring**

.Wir Wunschen, das wir seine Hauptmerkmale kombinieren.

Die Hauptmerkmale ist als die folgenden 4 macro- Ziele:

- Lokalisieren Sie der Inhalt mehr auf der sozialen Netzwerk

   Weisen Sie der Haupt *Einflussfaktor* mit der Relation fur insbesondere Themen

    - Analysieren Sie die *konkurrierende Seiten* und machen Sie die Daten über ihre Inhalte

    - Benachrichtigen Sie die Informationen und die Updaten der **Schlüsselwörter**, Namen von dem ***Brand***, das ***Link***, die ***Autors***

    - • Weisen Sie auch für die Themen in die genaue suchen bar, und BuzzSumo wird die List den Ergebnissen geben, die Sie mit den Nummern von Teilen auf Facebook sortieren können.

- Der Inhalt verwandt mit, die sie Produziert hat, die die geteilte Inhalte ist, wo und mit wem.

Also im Grund, es schaut Sie was die Themen jetzt sind, die sie ihnen die neuen Ideen zu finden helfen. Durch das Suchen für eine genaue -schlüsselwort oder ein Thema, dann Sie haben jetzt einem Überblicke von die besten Inhalte auf die Häupter Kanäle der Soziale letzte 24 Stunden 24 Stunden und/oder 12 Monaten.

Über was erklären wir bislang, Sie können jetzt einige training machen oder haben Sie vielleicht eine Grunde Qualifikation. Das wird dich das Umfeld des neue Markt kennen. Und Sie Können auch schnell sehen, wenn Sie das bevor das Investieren genießen

Nehmen Sie die Idee bei den Leuten, die sie vertrauen. Aber, die Leute werden sehr negative sein. Sammeln Sie einige Erfahrungen mit dem Arbeiten als Teilzeit oder wie freiwilliger in deinem Beruf; Gehen Sie zu hölzerne informative und Spaß Seminar/Workshop eine Idee zu finden.

3. Start klein, wachsen schnell1: Das ist über wie können sie in einem Jahr mehr Geld haben oder Millionär sein. Sie haben eine gute Geschäftsidee gefunden. Sie verstehen jetzt Markt besser und Sie sammeln Kenntnisse und vielleicht einige Erfahrungen. Also was sollen Sie jetzt machen? Ich glaube, dass Sie den Markt zu testen für reale in Teilzeit Methode brauchen. Wenn es zu erfolgreich ist, können Sie in Vollzeit/ mehre zeit für diese Idee Arbeiten und investieren. Wenn Ihre erst nicht gute Idee ist:

a. Sie haben gute Lektionen gelernt

b. jetzt versuchen Sie wieder.

Die Entwicklung einer Geschäftsidee, die gut für dich ist, so Sie sollen Ihre Zeit und Geld investieren. Weil die beste in Ihrem Leben ist. Es ist nicht Ihre Idee, die eine Sie in zwei oder drei Jahre zu erstellen, aber die Idee Macht Sie starten, und sie wird sehr wertvoll sein.

# KAPITEL 3

# Wie erstellen Sie eine gewinnbringende Geschäftsidee?

Erstellen Sie eine profitable online ! Das ist das erste ding, das Internet jeder Internet entrepreneur soll das machen, und dann er kann online Geld machen

Das ist das machen es oder der Faktor brechen, online oder offline erfolgreich zu sein. Sie nehmen vielleicht viele zeit, Anstrengung und Geld eine falsche Idee zu jagen dieser Schritt ist der wichtigste Schritt.

Ehrlich, es gibt keine richtige oder falsche Methode Ideen zu finden, es gibt nur die beste Praxis, gesunder Menschenvers und natürlich etwas Glück. In dieses Kapital, wir werden die beste Praxis präsentieren, für wie Sie profitable Geschäftsideen auf meiner Erfahrung. Jetzt gehen Sie schnell zu guten dingen.

1. 1. Erstellen Sie eine profitable online Geschäftsidee mit dem Investieren von neu Ding
2. Das ist sehr selten und auch sehr schwer. Wie Thomas Edison, er entwickelt viele Gerate, die unser Leben beeinflusst. Zum Beispiel das Video Kamera und die Lange dauerhafte elektrische Glühbirne. Wenn Sie ein genaues Produkt vorstellen können, das vielleicht das Leben der Leute leichter macht, dann Sie haben wirklich ein Geschäft
3. ERSTELLEN SIE EINE NEUE PROFITABLE ONLINE GEAESCHFTSIDEE MIT Erfüllung EINER PERSOENLICHEN BRAUCHEN

4. Wenn Sie ein Produkt oder einen Service brauchen, Seinen Sie sicher, dass es die anderen Leute gibt, die für die Losung für genaues Problem suchen. Sie müssen immer Ihre Methode auf dem Markt finden, und Sie suchen nicht, was Sie Lieben nur,aber, Hören Sie den Markt und entdecken Sie, was es will.

5. Starten Sie immer mit realen Probleme oder mit starke Wunsche, die Leute dort draußen macht.

6. Wenn Sie mehr als Problem haben, das Sie nicht in der Nacht schlafen können, das mehr es wird Geld machen, vielen Dank für ein Produkt, einen Service oder Informationen. Das Produkt wird dieses Problem losen.

7. neben den "verzweifelte" Leute nehmen keine rationalen Entscheidungen, wenn sie in diesem Geisteszustand sind. Also es ist zu leicht dinge zu verkaufen, weil die Leute die Spur des Augenblicks entscheiden werden.

Das ist warum die Nische von diesem Typ ist es gibt einen real Problem zu losen – sie sind zu immer die meisten profitable zu arbeiten!

Immer arbeiten Sie mit der Ethik und Sie liefern für die Leute, etwas hat real Wert und das wird wirklich das Leben den Leuten verbessern, ich empfehle.

3. ERSTELLEN SIE EINE PROFITABLE GESCHAEFTSIDEE MIT DEM MACHEN VON DEM LEBEN DEN LEUTEN LEICHTER

Wir sind in dem Lieben mit der leichten Methode. Wir gehen zu Google eine schnelle Antwort zu finden und wir fragen einen Freund für eine Empfehlung.

Wir wollen der einfachste und der kürzeste Weg für unsere zielen finden.

Wenn Sie eine Idee entwickeln, machen Sie die Idee, das Leben den Leuten einfacher wird. Sie werden Sie lieben,

Google macht unser Leben einfacher und wir finden jetzt genau was wir in Augenblick finden. Und sie gehen das Extra Meile jeden Tag auf dem Lokale Suchen, Blog Suchen, Bilder Suchen, Nachrichten Suchen, Films Suchen, Scholar Suchen, und viele Typen von dem Suchen, dass Sie an denken können

Zum Bespiel:

- Gewichtsverlust
- Mehr Geld verdienen
- Wie konnen sie ein geschafte verberssen
- Die Verführung
- Lösen Sie ein Problem für die Gesundheit
- Lösen Sie ein leichtes psychologisches Problem

4. ERSTELLEN SIE EINE PROFITABLE ONLINE GESCHAEFTSIDEE MIT DER AENDERUNG VON EINE BESTEHENDE IDEE UND SIE MACHEN SIE BESSER

Nicht jeder hat die zu Vision einen Trend oder ein Brauchen entdecken. Also es ist einfacher eine bestehende Idee zu entwickeln und verbessern, dann machen Sie, machen die neue Idee besser als die alte Idee.

• Google hat das gemacht. Google hat die Suchmaschine verbessert. Sie hat eine gute Suchmaschine entwickelt, die Suchmaschine das Ergebnis basiert auf die Geschichte des Benutzers und das Ausnutzen von Cookies zeigt.

Versuchen Sie etwas auf der Suchmaschine zu suchen und Ihr Freund sucht das gleiche Ding auf verschieden Computer, Sie natürlich finden verschieden Ergebnis, Google ist immer ist die Nummer 1 Suchmaschine und die Nummer eins Website im Internet heute.

## 5. ERSTELLEN EINE PROFITABLE ONLINE GESCHAEFTSIDEE MIT DEM BIETEN VON UNGLAUBLICHEM SERVICE

Manchmal wir können nicht eine neue Idee finden, oder updaten eine bestehende Idee. Das beste Ding ist ein Geschäftsmodell zu Wählen, dass das Geschäftsmodell Sie gefallen. Studieren Sie es und seien Sie anders nicht mit der Senkung.

- • Zappos hat das gemacht. Zappos haben tolle viele angeboten für die Schuhe auf ihr Website im Internet wie hundert tausend Webseiten, aber sie haben die beste Kundenbetreuung überall, dass sie bevor sicherlich nicht sehen können Sie senden Ihnen vielleicht gelegentlich Blumen oder ein Geschenk oder Gutschein für ihren Geburtstag. Sie senden Ihnen auch ihre Produkte zu schnell ohne extra kosten für dich und Sie werden sehr glücklich sein.

Ihr Kundenbetreuung wird mit Ihnen sprechen, wie Sie wollen, und sie erklären alles für Sie. Eigentlich, es gibt immer ein dokumentiertes Telefon Gespräch für letzte 8 Stunden! Das ist wie weit sie es nehmen. Das Ergebnis? Jetzt sie machen / verdienen mehr eine Billion Dollar mit der Verkäufe pro Jahr! Sie sind jetzt die größten Schuhhändler! Und ihr riesige Kunden machen alle die Förderung und die Werbung Arbeit für sie, weil sie sehr glücklich und beeindruckt waren

## 6. ERSTELLEN EINE PROFITABLE ONLINE GESCHAEFTSIDEE MIT DEM STARTEN VON SEHR SPEZIFISCHES NISCHE

- Eine Nische ist eine Gruppe von viele Leute, die spezifisches Interesse haben, oder ein Hobby haben, oder Karriere haben. Sie können jetzt eine große Idee nehmen, und dann brechen Sie diese Idee zu kleiner Komponenten, dann Studieren Sie jede Komponente und bauen Sie ein Geschäft für diese Komponente

- LinkedIn ist die größte sozial Netzwerk in der Welt. Sie nehmen das Facebook Konzept und sie haben die dinge vereinfacht Sie haben Millionen von Teenager nicht gebraucht, Hausfrauen und Fernsehen Stars. Sie haben die Profis und die Entrepreneurs gewählt und sie erstellen ein Website besonders für sie zu servieren.

Sie Können auch das machen. Analysieren die großen Geschäfte und dann brechen Sie sie. Finden Sie was Sie ein Interesse an haben, und sie erstellen Sie ein Website über Ideen. Zum Beispiel, ich analysiere LinkedIn Website und dann sehe ich es die kleinen Komponenten in LinkedIn. Gut, Sie starten vielleicht mit ein "jung Profi sozial Netzwerk" oder ein "großes sozial Netzwerk" oder "Projekt Leiter sozial Netzwerk", entscheiden Sie erst. Die Brainstorming, wie Können Sie tolle Erfahrung für Publikum bieten, und dann bauen Sie ein Website über dieses und mehr zu tun.

Eine Nische ist eine Gruppe von Leute, die gleiche Interessen haben, und sie lösen ein Problem oder sie verbessern auch spezifische Situationen in.

Eine kommerzielle Nische, plus ist ein Kollektion den Leuten, die nicht nur mit der Anforderung zusammenballen, aber auch:

- Sie wollen für der Zugriff die Qualität Informationen zahlen, die ein spezifisches Brauchen treffen

- Haben Sie eine wirtschaftliche Position, die ihn Ihr Produkt zu zahlen kann, ein Service oder Information Produkt

- Sind sie zugänglich online

- es ist eine Nische numerisch groß (am mindestens 4,000 Forschen monatlich im Durchschnitt)

7. ERSTELLEN EINE PROFITABLE ONLINE GESCHEFTSIDEE basiert IHR LEIDENSCHAFT UND IHRE ANGST

Das gleiche Konzept hier. Wenn Sie eine Leidenschaft von etwas haben, haben Sie eine gute Chance, die andere Leute es auch liebt. Wenn Sie ganz erschrocken über etwas, so forschen Sie und Lernen Sie eine Lösung zu finden, und dann Bauen Sie ein Website, das die Lösung bietet.

Oder einfach ein Website, das einige Sorten von der Unterstützung Gruppe für dieses Problem bietet. Vertrauen Sie mir, es arbeitet.

Schreiben Sie Ihre Interessen, was Sie lieben zu lesen, zu hören, oder zu sehen. Ihre Träume, vielleicht? Oder vielleicht Ihre Ängste! Schreiben Sie sie. Dann Schreiben Sie sie noch einmal. Sehen Sie an ihnen jeden Tag. Hinzufügen Sie oder löschen Sie. Ich versichere dich ein interessante Ding zu finden.

8. Erstellen Sie eine profitable online Geschäftsidee mit die seltsamen Ideen

Das ist kein Tippfehler. Obwohl, es nicht mein Ding ist, aber einige Leute überfluten ihr Konto mit dem.

Million Dollar Seite, wenn Sie immer mich tragen. Bauen Sie ein Website und dann einladen Sie die Leute das Geld für dich zu geben, weil sie ihr Logo auf diesem Website stellen können ich werde sagen, das wird nicht arbeiten! Wo ist der wert zu hinzufügen? Gut, ich bin falsch, das Website Zahlungen zu sammeln. Weil die Leute auf Website stellen können

ANDERE METHODEN EINE PROFITABLE ONLINE GESCHAEFTSIDE ZU ERSTELLEN

Wenn Ihre Kreativität die falsch Dinge machen. Können Sie der folgenden Methoden für das Verdienen von mehr Geld online zu finden

- • Website Spiegeln: wie Immobilien. Sie erstellen ein Website. Hinzufügen Sie Inhalt. Bieten Sie viele angeboten für Besucher wie Flippa Website

- • Web hosting verkaufen: mit konstant monatlich zahlen, Sie können einen web hosting Service verkaufen. Das kann sehr profitable Geschäftsidee, wenn Sie vielen Verkehr auf diesem Website haben.

- • Bewertung Website: alles Interessieren Sie sich an. Und bieten Sie einige Links. Sie Tonnen Geld mit jedem Klicken auf Links. Verdienen.

- • Inhalt schreiben: wenn Sie ein guter Schriftsteller, entwickeln Sie ein Website und dann bieten Sie ihren Service. Sie können auch auf Upwork, Fiverr, Elance arbeiten, weil es viele Leute viele Schriftstellere brauchen.

- Das ist nur Buch , das Sie sicherlich alles ihre grosse Idee zu finden! Das ist keine richtige oder falsche Methode. Wie Sie sehen, einige unrelstisch Unternehmen haben Geld gemacht. Sie werden nie wissen. Bitte lessen Sie nicht uber wie konnen Sie eine profitable online gesachftsidee zu finden, und jetzt Starten Sie, was ich gesagt habe.

Lass uns praktisch Sein; bekommen Sie einen Stift und ein Papier – kein Laptop bitte – und gehen Sie mit jeden Methoden habe ich gesagt. Starten Sie ab etwas Erfindung zu updaten eine bestehende Geschäftsidee, und dann arbeiten Sie mit spezifischer Nische auch mit ihre Ängste und Ideen

Gehen Sie mit jeder Idee, analysieren Sie jede Idee  Schreiben Sie die. Stellen Sie die Idee vor und finden Sie Ihre Antwort. Früher oder Später und das ist mein versprechen für dich.

Einige Leute glauben, dass sie die Idee zu testen und dann Starten die Idee. Gut, einige Leute akzeptieren und einige Leute akzeptieren nicht. Ich persönlich akzeptiere nicht. Einfach wenn Sie wie eine Person eine Angst haben, Oder ein Problem haben. Seinen Sie sicher, dass andere Personen auch die gleiche Methode fühlen

Wenn Sie nie bevor etwas erfinden, testen Sie die Idee und das wird sehr gut für dich. Normale Leute können nicht Ihre Idee Visualisieren, so sie geben nie eine genaue Antwort

Zum Beispiel, wenn sie das Telefon erfunden haben. Die Leute stellen nie das ist möglich vor und sie haben geglaubt, dass ihr Leben perfekt ist. Sie haben die Teflons erfunden und sie können nicht ohne Teflons leben. Also ihr leben ist perfekt, sie können Unterweges telefonieren! Sie haben auch smart Handys erfunden und sie können jetzt mit sozial Netzwerk verbinden, ihr Geschäft und alles.

Die Idee ist hier, dass die Leute nie etwas vorstellen. Sie unterrichten sie eine neue Technologie zu akzeptieren und verwenden. Wenn immer es ihr leben mehr einfacher macht, sind sie sehr glücklich zu hören. Sie sind der Schöpfer, Schaffen Sie und unterrichten Sie auch

# KAPITEL 4

# Wie beurteilen Sie Ihre Geschäftsidee?

Mögliche Geschäftsideen haben mit dem analysieren die Forderung von Produkte oder Services ausgewertet, wiegen Sie die verfügbaren die Ressourcen und sehen Sie an den Qualifikationen, die Talente, und die Kenntnisse, die Sie haben.

Der Prozess von dem bewerten ihre Idee, auch beinhaltet alle die Geschäftsideen und das Einkommen generieren die Aktivitäten, die Sie generiert haben, und null zu drei meiste gute Ideen, und Sie Sehen an die Vorteile und Nachteile basiert auf Ihre Erfahrung

Wenn Sie Ihre drei Geschäftsideen erfolgreiches bewerten, sollen Sie eine Tabelle für ihr Ergebnis für jede Geschäftsidee machen, und Kategorien Sie sie auf Kolumnen von Fähigkeiten und Kompetenzen, Ausrüstungen, Zugriff auf Rohstoff, wirtschaftliche Ressourcen und die Forderung. Dann fragen Sie sich der folgenden Fragen, die Fragen ihnen helfen:

1. Welche Geschäftsidee passt Ihre Stärke?

2. Welche Idee(n) Kann Ihnen Ihre persönliche ziele zu erreichen?

3. Welche Ressourcen brauchen Sie die Geschäftsidee zu realisieren?

4. Welche Lücke haben Sie? Brauchen Sie sie, oder haben Sie ein Problem?

5. Gibt es Leute, die Ihr Produkt kaufen oder Ihr Service zahlen?

Sie konnten also direkt Ihre Kunden fragen, und Sie werden sicherlich eine Antwort zu bekommen.

Bevor, Sie Versuchen ihr Produkt zu verkaufen. Sie bauen vielleicht eine liste für ihre Kunden. (Z. B. ein Blog), die Interessieren an Produkt, Service, oder Informationen Produkt haben, die Sie verkaufen wollen.

Sie haben eine Liste von Leute für ein Thema, dass Sie direkt die Leute fragen können, was sie beeinflussen können?

Sind die Fragen durch E-Mail mehr sofort und sie sind besser von den Leuten.

Maximal zwei – vier Fragen gut gemacht, andernfalls Sie können sich verpissen!

Dann ein Email informell und es nimmt zu 20 Sekunden.

Zu Beispiel:

Bettref: Konnen Sie mir helfen? (Es ist sehr wichtig)

Hallo,

Ich erstellen neue Materialien auf XY und ich brauche Ihre Meinung über einige wichtige dinge:

- was möchten Sie in neue Materialien von mir zu sprechen ?

- was ist Ihr größte Angst über[.]? (nicht Pflicht: welche ist Ihre größte Schwierigkeiten, dass in Beziehung mit ist ?

- was haben Sie müde jetzt? Und was haben Sie enttäuscht über ?

Sie haben meine Versicherung, dass Sie alles sehr gut sein werden

Vielen Dank im Vorhaus für ihre helfe

Sehen Sie später

Ihr Name

Weil das E-Mail sehr wichtiger Wert hat, Sie müssen viele Antworten haben klar, der höhere die Nummer der höhere, es bekommt ein gutes Ergebnis, auch sehr gut.

Analysieren Sie die Antworten, aber überspringen Sie die 80 % und nur denken Sie an die 20 % von dem Ergebnis, weil das Ihnen später helfen.

Wer nimmt eine Antwort mehr lange und Sie fühlen mehr klar und er löst das Problem, auch arbeitet mit dem Produkt

1. Quantitativ Analysieren

In einem Papier oder in Google Form, schreiben Sie und Marken Sie alle die Probleme bei Ihren Kunden in Emails. Für jedes Problem Marken Sie, wie viele / wie oft ist die Wiederholung. Am Ende Sortieren Sie die Probleme in Wichtigkeit grade, ab 1 zu 5

2. Qualitativ Analyiseren

Jetzt lesen Sie alle ab das Starten und Analysieren Sie, wie die Leute ihre Probleme beschreiben. Es gibt Phasen insbesondere prägnante? Adjektiv

Oder wiederkehrend Begriffen?

Sammeln Sie alle die Ausdrucke, weil Sie sie in Zukunft brauchen werden, die Sie wahrend Ihre Kopie schreiben.

Wie können Sie ihre Geschäftsideen bewerten, basiert auf ihren Qualifikationen, Talente, Kenntnisse, und Kompetenzen

Erst von alle, Sie müssen das Ausmaß bewerten, die Sie die Fähigkeiten und die Talente haben (manuelle, persönlich, sozial, technische). Wenn Sie keine Fähigkeit haben, sollen Sie über andere Dinge denken, wie eine Person diesen Fähigkeiten hat zu finden, weil er Ihnen helfen.

Wenn Sie eine Person finden müssen, fragen Sie sich, können Sie für eine Person für Ihr Geschäft zu zahlen. Erinnern Sie sich, dass Sie mehr ein Extra kosten zahlen müssen

Wenn Sie das entdecken, die Fähigkeiten kann mit ihnen ohne Probleme arbeiten, die Idee eine hohe Bewertung haben sollen. Aber wenn Sie Ihre Fähigkeiten sehr niedrig sind, oder Sie haben keine Fähigkeiten dann bewerten Sie die Idee als niedrige Idee. Und Sie jetzt sehr Gute Daten haben, also Sie werden das in Zukunft sicherlich verwenden

Zweitens, Sie müssen sich in Zukunft über Geschäftsidee fragen, welche andere Fähigkeiten Sie für Ihre Geschäftsidee Ziele müssen haben. Und dann fragen Sie sich. Wie können sie die Fähigkeiten finden?, und was kostet auch das?. Das ist sehr wichtig für Ihre Ideen

2. Wie Können Sie Ihre Geschäftsideen bewerten, basiert auf bestehenden Ressourcen

Mit den Ressourcen, ich meine Ihre wirtschaftliche Ressourcen, menschliche Ressourcen, und die anderen Eingänge wie die Rohstoffe. Sie müssen über die Start-up arbeiten denken. Das gute Ding, online Geschäfte brauchen viel Geld nicht zu starten. Sie können klein Starten, und dann konnen Sie Ihre online Geschäfte wachsen.

Aber, Sie sollen Notizen für die wirtschaftlichen Ressourcen nehmen. Die Ressourcen Sie brauchen, wie (der Computer) und Start-up kosten. Sie werden auch Kasse haben, die Kasse Sie für die täglichen Anforderungen zu treffen, weil Sie Ihre Geschäfte großer werden.

Eine positive Bewertung angewendet nur, wann Sie Können alle Geld haben, und Sie starten das Geschäft und eine sehr niedrige Bewertung, das meint, Sie können nichts für Ihre Geschäfte haben.

Zweitens, Sie sollen die anderen Eingänge merken, wie Ausrüstung und Rohmaterial (z. B. Software). Wenn Sie genaue Ausrüstung verwenden, brauchen Sie an die Verfügbarkeit auch sehen, also brauchen Sie viele Fähigkeiten zu haben. Und, Sie brauchen an die Verfügbarkeit auch sehen, jetzt und in der Zukunft, und die Probleme treffen Sie während es verwenden.

Die Rohmaterial sind was Sie für die Produktion ein Produkt verwenden. Ein gutes Geschäft soll viel Rohmaterial haben. Und ihre Verfügbarkeit ist so wichtig. Wenn Sie sie verfügbar ist, bewerten Sie sie als hohe Bewertung, aber wenn es viele Probleme gibt wie Kosten, dann bewerten Sie als niedrige Bewertung. Bitte vergessen Sie nicht diese Schritte zu machen

3. Bewerten Sie Ihre Geschäfts-Ideen basiert auf der Forderung des Produkts oder Service

Hier sollen Sie auch Ihre Unikates verkaufen fokussieren. Manchmal etwas gut über die Idee, die tolle machen kann. Die Forderung für ein Produkt oder einen Service, das meint sicherlich, dass die Kunden es/ ihn wollen. Sie müssen die Niveaus in Markt nehmen. Und das spielt sehr wichtige rolle in der Zukunft.

Die Forderung für ein Produkt oder Einen Service ist immer in Relation mit den Kunden und ihr brauchen. Dann brauchen sie vielleicht für ein Produkt oder einen Service, aber wann Sie kein Geld haben für das Produkt oder der Service und das meint, dass die Bewertung niedrige ist.

Sind Sie durch den Prozess gegangen, Sie werden eine Geschäftsidee Wahlen die Geschäftsidee mit sehr hoch Bewertung hat. Dann Schreiben Sie die Idee Bewertung und die folgenden Fragen :

1. Was ist Ihre Idee und was ist der Status?

2. welche Märkte wird die Geschäftsidee arbeiten? Gibt es Kunden Feedback oder Zeugnisse?

3. warum glauben Sie die Vorteile in Markt zu haben? Haben Sie alle Anforderungen?

4. was ist der Wettbewerb in Markt?

5. Wer ist in Ihr Plan, dass Ihr Plan erfolgreich machen werden?

6. was ist Ihr langfristiger Plan Vision für Ihr Geschäft und dann gibt Sie gutes Einkommen?

7 . was ist die totale Finanzierung, dass Sie brauchen zu arbeiten?

8. können Sie mir Sagen, was ist die Finanzierung, dass Sie brauchen?

Am Ende, ein genaues Schreiben von dem Analysieren von Ihrer Geschäftsidee, das Analysieren wird sehr wichtig für dich sein, weil Sie ein Geschäft Plan entwickeln werden. Und Sie werden alle Informationen haben. Es darf Sie einfach Kommunikation. Die Kommunikation ist sehr wichtig für Ihre Geschäftsidee und sie brauchen die mehr Kommunikation mit ihren Kunden.

# KAPITEL 5

# Die Schritte zur generieren Sie Ihre nächste erfolgreiche Geschäftsidee

Sie müssen kein Genie sein, für eine Idee zu finden. Es ist ganz einfach. Es ist sehr leicht eine Idee zu finden, aber die Probleme sind, das Finden von einer Idee und diese Idee trefft Ihre Anforderung. Und auch Ihr Brauchen, Sie sollen eine Idee für diese Anforderung Wahlen

Das ist wo die Leute stecken, viele Leute wollen ein Geschäft starten, und sie denken jeden Tag, aber die große Frage ist, oft, der Typ von Geschäften, die Ideen die Leute starten sollen, welche Geschäfte soll ich starten? Und es ist eine große Frage, oft der Typ von Geschäften, die Geschäfte, dass erfolgreiche sein werden, oder nicht.

So, wenn Sie eine Idee haben oder einen Rahmen haben, konzentrieren Sie auf Ihren Geschäften, die auf ihnen passen und dann starten Sie die Arbeit und danach Sie nehmen gerade große Schritte für ihr erfolgreiche Geschäfte

    1. Starten Sie zu denken! Machen Sie Ihr Gehirn zu arbeiten

Wenn Sie sehr beschäftigt täglich sind, und Sie denken über was Sie wollen oder fühlen, Ihr Gehirn ist zu druckt und auch kann nicht vorstellen, keine Sorge, das Kapitel hat Tipps und Tricks und sie finden vielen Ratschlägen, die wird Ihnen sicherlich helfen. Und sie starten der kreative Prozess, dann starten sie Ihr plan zu arbeiten.

Die erst Schritt ist das verstehen, wie macht das Gehirn? Und wie können Sie das Gehirn schaffen? Ich werde über das Thema viel sprechen, weil Sie vielleicht viele Bücher über das Thema zu verstehen. Aber ich will die wichtigsten Dinge erwähnen. Sie werden das Thema für Ihr Geschäft brauchen. Und Sie verwenden das in der Zukunft.

Das Gehirn hat zwei Haupt-Teile; das Recht und die Linke Hemisphären, sie haben verschiedene Funktionen und sie arbeiten anders.

Die Rechte Hemisphäre ist ein kreativer und künstlerischer Teil, er ist der Teil, dass den Künsten liebt, es verwendet die Formen, die Farben, und die Bilder, weil er die Informationen analysiert, und er ist auch der Teil, dass die Kreativität und die Vorstellung kontrolliert

Der linke Teil ist der Logiken Teil, er ist der Teil, dass die mathematischen Berechnungen macht, und er sucht auch für die Ursachen und die Effekte, er beschreibt die mathematischen Berechnungen und er verwenden die Worten, er kontrolliert die Rede und die Grammatik, und die Wortordnung

Für dich eine erfolgreiche Person im Geschäft zu sein, Sie müssen die Balance auf den beiden Seiten haben, Sie müssen eine kreative Person sein, und Sie können eine neue Idee finden. Also können Sie die Probleme lösen

Sie müssen eine Logik-Person, dass Sie die Geschäfte Chancen analysieren können, die Person kann Geschäft Probleme und Alternativen errechnen, und wiegen Sie täglich Ihre Fähigkeiten das Gehirn ist wie ein Muskel, wenn Sie immer treiben, arbeiten sehr gut immer.

Sie Können für den Marathon ohne die Arbeit Vorbreiten, sie müssen jeden Tag trainieren. Gute Methoden sind, dass Sie offen sind, weil Sie viele Probleme werden losen. Lernen Sie neue Dinge, machen Sie Ihr Gehirn viele zu denken, einfach geben Sie Ihr Gehirn das grüne Licht, und vorstellen Sie auch Ihre Probleme. Und Nehmen Sie Ihre Zeit

Die Veränderung ist die beste Methode Ihr Gehirn für neue Ideen zu entdecken. Eine Veränderung kann Ihnen helfen, und sie macht Ihr Gehirn sehr gut zu Funktionieren, Ihr Gehirn startet jeden Tag zu denken und nehmen Sie, was sie wollen, so Sie müssen jeden Tag trainieren weil das wie ein Muskel ist. Das ist sehr wichtig für auch Ihre Gesundheit

Eine Veränderung werden von den Leuten auch Ihnen helfen, die neue Leute kennen Lernen das ist sehr wichtig für Sie, sprechen Sie mit ihnen auch sehr gut für Sie, die Themen werden wie die Probleme, dass die Leute haben, ihre Vorstellungen auch, Sie werden eine gute Erfahrung sammeln, das wird Ihre Grundlagen in der Zukunft für Ihr Geschäft sein, das sicherlich wird Ihnen helfen, die Leute werden Ihnen helfen. Weil Sie neue Ideen mit den Leuten entdecken werden.

Die untere Linie brauchen Sie nicht zu die andere Seite zu gehen, und dann Sie werden neue Ideen finden, die kleine Veränderung dass Sie täglich machen,

2.      Kaufen Sie ein NOTEBOOK

Jetzt Sie wissen, wie Sie Ihr Gehirn stimulieren Können, und starten Sie mit Ihrem kreativem denken Prozess, Sie brauchen Ihre Ideen und dann dokumentieren Sie die Ideen, weil das Ding in der Zukunft ihnen helfen, und dann studieren Sie und testen Sie Ihre Ideen in der Zukunft.

Jedes Geschaft, Sie konnen jetzt an Kleiner Idee denken irgenwo starten

Der Unterschied ist die Leute, die viele Ideen haben und sie denken uber diese Ideen und sie verbersern die Ideen fur die Erstellung von ein erfolgreiche unternehmen zu bauen. Sie wiessen nie, wann Sie die Ideen finden, so kaufen Sie ein Notebook und schrebein Sie alle Ideen, dass Sie in Ihr Gehrin haben

3.      Folgen Sie Ihre Leidenscahft

Sie Starten Ihr, Sie werden Ihre Zeit für viele Jahre verbringen, für ihre Geschäfte so Seinen Sie sicher ! das Ihr Idee auf Ihnen zu passen, und Sie interessieren sich an die Ideen, dass Sie Wahlen. Wenn Sie keine Interesse an diese Ideen haben, die Chancen sind, Sie gelingen nicht in diese Geschäfte, vielleicht nicht, denn Sie haben nicht, was es nimmt, aber, denn Sie haben keine Interesse an die Idee, und sie müssen jetzt eine andre Ideen finden

Starten Sie und bauen Sie ein erfolgreiches Geschäft, der Prozess ist nicht kleine Aufgabe, Sie brauchen viele Arbeiten und vieles denken zu starten, Sie werden auch viele Probleme treffen, so Sie müssen breit sein aber Sie werden viele zu tun und zu lernen, und Sie lieben sicherlich das Ding, denn sie ist Ihre Leidenschaft

Wenn Ihre Ideen Sie nicht Leben, gehen Sie mit erstem Problem aus, und dann Sie starten eine neue Idee zu finden, so finden Sie am Anfang eine gute Idee, die Sie an Interesse haben

Zusätzlich, wenn Sie etwas tun, das Sie lieben und persönlich verstehen Sie seine Ziele, dann Sie werden in besser Platz sein, verstehen Sie Ihre Kunden und Sie liefern Ihr Produkt/ Service. Das ist das wichtige Ding zu kaufen. Und das ist den Schlüssel für Sie zu erfolgreich sein

Haben dieses Sagen, wenn Sie ein altes Hobby für ein neues Geschäft nehmen, Seinen Sie sicher,dass den Markt Ihre Services oder Ihre Produkte braucht, und dann bauen Sie und brechen Sie Ihre Berechnungen Entscheiden Sie, welche Leute werden dieses Produkt kaufen oder der Service haben möchten, Oder, Sie werden nicht erfolgreich sein.

4. Ofnen Sie Ihre Augen

Neue Geschäft Chancen geboren jeden Tag. Ofen Sie Ihre Augen jeden Tag immer. Lesen Sie immer die Nachrichten und Sie werden viele gute neue Chancen. Sie können vielleicht die Probleme den Leuten lesen, wie der arme gesunde Service, auch der Mangel von den Schulen in Ihre Nachbarschaft, zum Beispiel, und Sie können viele andere Dinge zu machen. Sprechen Sie mit Ihren Nachbarn und sprechen Sie mit den Leuten, dass Sie kennen, was sind ihre Probleme? Was Sie möchten mit ihren Nachbarn andern? Zum Beispiel, hat Ihr Nahbar Probleme die lange Distanz eine chemische Reinigung Zentrum zu finden? Oder hat Ihre Nachbarn Probleme der Mangel von Lebensmittel laden? Und Sie können über die Restaurants fragen? Wie viele? Wie weit?

Wenn Sie Ihre Augen offen bleiben, finden Sie neue Entwicklung und Änderung Sie können neue viele Chancen finden, die Chancen helfen Ihnen ein neues Geschäft zu entwickeln

Sie brauchen nicht eine neue Idee und originale Idee zu finden, oft, es ist die Ideen, dass sie bevor geprüft hat. So sehen und suchen Sie in Ihres Gebiet, und sehen Sie, was gibt es nicht? Das wird vielleicht Ihr Geschäft

5. Schauen Sie Ihre Starke

Meiste Leute sind sehr gut mit etwas zu machen. Sehen Sie Ihre Erfahrung und Karriere, was Sie es tun können? Haben Sie mit Projekt Leitung für 15 Jahre gearbeitet, und Sie wissen die Eingage und die ausgangs von dem Geschäft, das ist oft beste Platz zu starten. Meiste Leute haben Angst vor dem Starten Ihre eigene Geschäfte, sie fokussieren auf die schwäche und sie glauben, dass sie nicht erfolgreiche werden können, und sie können nicht tun. Keine Person ist Perfekt, nicht jeder Geschäftsinhaber ist ein Supermann.

Bitte fokussieren Sie nicht auf die Dinge, die Sie nicht machen können, aber auf die Dinge, die Sie machen können was können Sie besser als andere machen/tun? Wie andere können das machen? Und wie können Sie das machen/tun? Manchmal, Sie brauchen eine neue Idee ein Geschäft zu starten, vielleicht eine kleine Änderung, die müssen Sie machen zu gelingen das ist die Antwort.

Wenn Ihr Beruf ist nicht wie andere Berufe, Sie können neue Systeme für Geschäft, und vielleicht das ist eine tolle Idee zu starten, wie auch ein System den Prozessen mit dem Computer rechnen

Untere Linie, guck mal! Die Dinge können Sie machen und fokussieren Sie auf diese Dinge. Sie sind vielleicht weit von ihrem Beruf nur versuch Sie zu finden.

Sie können vielleicht finden, dass Sie Ihre Freunde helfen können, Sie können rechnen gut, Sie können viele Sprachen sprechen. So Sie können vielleicht an ein oder mehr neues Geschäft starten.

6. Erforschen Sie Neue Dinge

Wir haben gesagt, die Veränderung ist ein Ding von die größten Stimulatoren von Ihrem Gehirn. Auch wenn Sie Ihr eigenes laden, nächstes mal sind Sie in eines, guck mal! Wie die Dinge arbeiten? Und denken Sie an neue Methoden zu verbessern

Oft das ist vielleicht für Sie ist sehr gut, Sie können neue Methoden mit Ihren Geschäftsideen in Ihrem Bereich zu verbessern das ist sehr seltsam genug, Ihr neue Geschäfte Ideen, die etwas und Ihr Gehirn kann das Lösen Ihre Idee kann neue sein, manchmal das ist oft, die mehr Erfahrung haben Sie, die größte Optionen Sie auch haben. So finden Sie eine Idee, die mit altem Denken und Ihre Erfahrung.

7.  Ihr Bankkonto

Starten Sie und machen Sie Ihr Geschäft, sie müssen viel Geld zu starten Sie basiert auf Ihre Situationen, Sie denken ein Geschäft an Ihr Geld zu passen, jede Person hat nicht so viel Geld, so versichern Sie Ihre Idee, die mit dem Geld passt.

Wenn Sie nicht viel Geld haben, finden Sie ein kleine Geschäft Idee, und Starten Sie klein und dann waschen schnell

Ich habe gesagt, es gibt viele platze, wo Sie Geld für Ihr Geschäft bekommen können, wie Banken, Risikokapital, die Familien, die Freunde und klein Geschäftsverband in Ihrem Platz, Arbeiten Sie im Voraus, die Niveau von Finanzen haben Sie, und fokussieren Sie auf die Geschäfte an Geld zu passen.

Wenn Sie Vorteile sehen können, und Sie haben nicht viel Geld, dann arbeiten Sie mit andrer Person zu starten, das ist immer eine gute Lösung für Ihre Probleme, weil Sie und Ihr Freund (zum Beispiel) können viele Probleme handeln, aber wenn Sie nur, das sehr schwer ist

8.  Wissen Sie, was in Leben brauchen werden

Die andre Seite von Ihre Geschäfte Ziele, denken Sie an die Gründe, die Sie zu starten wollen. Was wollen Sie immer und auch suchen? Was sind Ihre Ziele in Leben? Und was möchten Sie zu tun? Was lieben Sie am meisten zu tun? Warum sollen Sie das tun/machen? Starten Sie das neue Geschäft und

Sie jetzt können bei Ihren Familien setzen? Mehr Geld zu verdienen oder nicht? Werden Sie geachtet mit andren Leuten? Das ist egal, was Ihre Ziele sind, seinen Sie sicher, dass Ihr Geschäft und Ihre Ziele treffen, und sie helfen auch Sie zu erreichen. Wenn Ihre Ziele eine mehre Zeit mit den Familien haben, oder sie haben viele Arbeiten, zum Beispiel, die Arbeit ist immer mit dem Reisen brachen, so Wahlen Sie, das erste Option, und vergessen sie die andre Dinge

Mehr oft als was die Leute denken, das Geld ist nicht der reale Grund, warum meiste Leute Ihre Geschäfte Starten, aber die finanzielle Freiheit ist sehr gut Vorteil, jedes Geschäft kann Geld machen, der Typ von Geschäfte und wie Starten Sie und machen Sie Ihre Geschäfte? Das ist die wichtigen Dinge? Mehr als Geld verdienen

9. Wahlen Sie ein Geschäft, dass Ihre Persönlichkeit passt

Sind sie eine morgen Person oder Sie liebt die Nacht? Jede Person hat sein/ihr sehr lieblings-, Stunden im Tag. Sie werden wenige erfolgreiche Leute nicht finden, die am morgen nicht lieben zu wecken, wie erfolgreiche Person in jeder Bereich

Wenn Sie nicht eine Person am morgen lieben zu wecken, vermeiden Sie alle die Arbeit, dass sie am morgen sein wird

Wenn Sie eine Person, dass Sie in der Nacht arbeiten werden, offen Sie ein Nachtclub oder ein Restaurant, dass in der Nacht öffnet bleiben, wenn Sie sehr früh schlafen, starten Sie ein Geschäft, dass die Arbeit Inder Nacht nicht braucht

Sind Sie innen Person oder draußen Person? Mochten Sie in einem Büro für lange stunden arbeiten? Und was brauchen Sie jeden Tag zu machen?

Und was lieben Sie in der Arbeit? Welche Bereiche leben Sie? Leben Sie allein zu Arbeiten? Oder in Team

Wenn Sie in einem Büro arbeiten möchten, arbeiten Sie in einem Büro, und auch in Team oder nicht, das ist egal, aber, wenn Sie gehen möchten, arbeiten Sie draußen mit den Leuten, und dann treffen Sie neue Leute

Möchten Sie mit Ihrem Gheirn oder Handen arbeiten? Die Leute machen Digne unterschiedlich, einge Leute möchten mit Handen und einge Leute möchten mit dem Gehirn arbeiten.

Sind Sie schüchtern oder nicht und Sie möchten neue Freunde machen? Wenn Sie schüchtern sind, so arbeiten Sie als Redner, ist nicht die beste Idee in der Welt für Sie, wenn Sie möchten neue Freunde machen und viele Personen treffen, arbeiten Sie und verwenden das Internet für die Arbeit, sicherlich nicht für Sie und das Wird sehr schlecht für Sie

Ich glaube, dass Sie jetzt die Idee verstehen, und Sie sollen jetzt basiert auf Ihre Persönlichkeit und Ihre Fähigkeiten eine Idee finden

# Abschluss

Lesen Sie über andere Leute, die ihre eigne Geschäfte Starten: ein großer teil wird sehr erfolgreiche Geschichte. Guck mal! Lernen Sie von die erfolgreichen Leute, wie Sie das machen / tun.

Lesen Sie Autobiographien über erfolgreiche Geschäfte und lernen Sie, wie sie ihr Geschäfte starten, dass Sie tolle Tipps geben werden, und lernen Sie was sie machen genau erfolgreiche zu sein ? die meisten Leute starten mit nichts.

Die meisten Leute haben viele Probleme am Anfang, aber sie versuchen noch einmal und sie versuchen auch noch einmal, am Ende gelingen sie so das wichtige Ding ist, dass Sie noch einmal versuchen werden, und Sie vertrauen sich, dass Sie erfolgreiche Person sein werden, aber Sie müssen versuchen

Sie sollen ihre Figuren immer studieren, was die gemeinsamen Eigenschaften sie haben, was diese Leute arbeiten und wann? Wie haben ihre Vision erreichen? Was sind die Probleme sie haben? Und wie Können sie die Lösung finden? Guck mal! Suchen Sie die Ähnlichkeiten zwischen Sie und sie? Und dann verbessern Sie Ihre Geschäfts-Idee

Sie werden tolle Ressourcen von Motivationen und Inspiration finden. Wenn andere nur wie Sie es macht, dann Sie können auch das machen

www.ingramcontent.com/pod-product-compliance
Lightning Source LLC
Chambersburg PA
CBHW071202240526
45470CB00017B/1245